BEI GRIN MACHT SICH IHR
WISSEN BEZAHLT

- Wir veröffentlichen Ihre Hausarbeit,
  Bachelor- und Masterarbeit

- Ihr eigenes eBook und Buch -
  weltweit in allen wichtigen Shops

- Verdienen Sie an jedem Verkauf

Jetzt bei www.GRIN.com hochladen
und kostenlos publizieren

Joschka Zimmermann

Aus der Reihe: e-fellows.net stipendiaten-wissen

e-fellows.net (Hrsg.)

Band 267

Fehlende Motivation bei Mädchen im Schulsport

GRIN Verlag

Bibliografische Information der Deutschen Nationalbibliothek:

Die Deutsche Bibliothek verzeichnet diese Publikation in der Deutschen National-
bibliografie; detaillierte bibliografische Daten sind im Internet über http://dnb.d-
nb.de/ abrufbar.

Impressum:

Copyright © 2009 GRIN Verlag GmbH
Druck und Bindung: Books on Demand GmbH, Norderstedt Germany
ISBN: 978-3-656-02086-8

Dieses Buch bei GRIN:

http://www.grin.com/de/e-book/179562/fehlende-motivation-bei-maedchen-im-
schulsport

Schulsport – Fehlende Motivation bei Mädchen?

Inhaltsverzeichnis

1. Einleitung

1.1 Vorwort

In der heutigen Zeit sind in unserer Gesellschaft Frauen den Männern gleichgestellt. Somit gibt es auch für Frauen kaum Einschränkungen im Bereich der sportlichen Partizipation. Anlässlich unseres Seminarfachthemas „Dimensionen des Sports" werde ich mich in folgender Facharbeit mit der unterschiedlichen Motivation von Schülerinnen und Schülern im Schulsport beschäftigen. Außerdem werde ich hinterfragen, warum Mädchen die Optionen, die ihnen von Lehrern und Schulen geboten werden, nicht in Anspruch nehmen und ob diese These überhaupt der Wahrheit entspricht.

Mein Beweggrund, das Thema „Schulsport – Fehlende Motivation bei Mädchen?" zu wählen, entstand unter anderem durch Eigenerfahrungen. Denn üblicherweise toben Jungen bereits vor der Sportstunde in der Halle, während Mädchen sich oft noch in der Umkleidekabine befinden und auf den Beginn der Stunde warten. Dieses Verhalten stößt bei mir auf Unverständnis, da ich jede sich nur bietende Möglichkeit Sport zu treiben, ausnutzen würde.

1.2 Geschichte des Schulsports

In der Antike galt Sport als Ausbildung zur Verteidigung des Vaterlandes. Heutzutage soll die Fitness und somit die Gesundheit der Kinder beziehungsweise der Jugendlichen durch Schulsport gefördert werden. Den Weg dazu ebnete unter anderem der Philanthrop Johann Christian Friedrich Guts Muths, der mit seinem Programm „Gymnastik für die Jugend" im Jahre 1793 die Idee der „Leibeserziehung" in der Schule einführte. Mädchen wurden hierbei zunächst noch nicht berücksichtigt, da sie im Gegensatz zu Männern mit Schwäche und Passivität assoziiert wurden (vgl. HARTMANN-TEWS 2006, S.41). Erst um 1860 entwickelte sich der Schulsport als eine Möglichkeit, die ebenfalls Mädchen geboten wurde (http://www.netschool.de/spo/schspo/gesch.htm; 08.02.2009). Turnen war vorwiegend unter weiblichen Schülern ein beliebtes Programm. Dennoch wurde die sportliche Vielfalt, die sich den männlichen Schülern bot, für weibliche Schüler eingeschränkt. Moritz Kloss, „Vater des Mädchenturnens" (http://www.netschool.de/spo/schspo/gesch.htm, 08.02.2008), reduzierte die Bandbreite, da er Verletzungen der Mädchen befürchtete, falls diese Reckturnen oder Bockspringen betreiben würden. Langsam etablierte sich jedoch der Schulsport als Ausgleich zum Alltag und nicht nur zur Leibeserziehung, wie Guts Muths es beabsichtigte (PFISTER 2006, S.28f). Später wurde der von den Nationalsozialisten als jugendliche Ertüchtigung angesehene Schulsport vermehrt auf die Stundenpläne gesetzt. Die Geschichte des Schulsports prägte sicherlich denselben mit Nachhaltigkeit und setzte somit neue Schwerpunkte. Denn heutzutage soll der Schulsport, wie bereits erwähnt, Möglichkeiten zur Verbesserung von motorischen und sensorischen Fähigkeiten bieten, Spaß an Bewegung vermitteln und somit einen Ausgleich zum Schulalltag schaffen. (http://www.sportunterricht.de/lksport/info_sport22.html; 09.02.09).

1.3 Ausdifferenzierung meiner Problemstellung

Die Funktion des Schulsports, einen Ausgleich zum Alltag zu bieten, kann jedoch nicht erfüllt werden, wenn Mädchen sich tatsächlich, wie nach meinem provokanten Seminarfachtitel zu urteilen ist, durch mangelnde Motivation nur teilweise am Sportunterricht beteiligen. Das Ergebnis davon wäre eine Unausgeglichenheit der Mädchen im Gegensatz zu den durch den Schulsport motivierten Jungen im schulischen Alltag. Außerdem dürften Mädchen folglich durch den Schulsport nicht so ausgebildete motorisch-sensible Fähigkeiten besitzen wie Jungen. Eine in der Schule auffallend negative Verhaltensweise, sowohl im Schulsport durch Passivität als auch in den übrigen Fächern durch einen Mangel an Ausgeglichenheit, würde somit für die Mädchen einen Nachteil darstellen, der durch ihre fehlende Motivation im Sportunterricht verursacht wird.

Die Frage, ob Mädchen wirklich fehlende Motivation im Schulsport aufweisen, soll den Schwerpunkt im Verlauf meiner Seminarfacharbeit darstellen. Bestätigt sich diese These, werde ich versuchen das Problem, sowohl unter dem pädagogischen als auch psychischen Aspekt, zu begründen. Wenn sich jedoch die These als falsch erweist, scheint es essentiell zu erläutern, warum dieses Phänomen so erscheint.

2. Wissenschaftliche Auseinandersetzung mit dem Problem

2.1 Problemschilderung und Erklärungsversuche anhand von Literatur

MÜNSTER (1995) formuliert in seiner analytischen Studie „Zwischen Passivität und Partizipation" auf Seite 10 für den Unterricht vorerst allgemein: „Lern- und Aneignungsprozesse, wie sie innerhalb der gesellschaftlichen Veranstaltung Schule im Vordergrund stehen, sind ohne die aktive Teilnahme des jeweiligen Lernsubjektes nicht denkbar[...]". Damit macht MÜNSTER deutlich, dass sowohl Mädchen als auch Jungen am Unterricht beteiligt sein müssen, um den Unterricht gestalten zu können und um etwas zu lernen. Eine „Nichtteilnahme" der Mädchen hätte also zur Folge, dass Jungen den Unterricht alleine gestalten und Mädchen während der Lernprozesse der Jungen außen vor bleiben. Die Motivation spielt hierbei also eine prägnante Rolle. Es scheint deswegen, dass eine Begriffsdefinition des abstrakten Begriffs „Motivation" nötig ist. Heinz-Egon RÖSCH (1975) bezeichnet auf Seite 11 Motivation als „Beweggrund", „Antrieb" bzw. „Anregung". Er setzt das Verb motivieren also ausdrücklich mit „bewegen" gleich. Somit zeigen RÖSCH und MÜNSTER einen wichtigen Grundstein für den Schulsport auf: Motivation bedeutet Bewegung und Bewegung ist essentiell im Schulsport, um diesen mit Hilfe der Schüler zu gestalten.

Doch inwiefern sind Mädchen in sportlicher Hinsicht unmotivierter? Dies ist anhand einer Statistik des Landessportbundes Niedersachsen aus dem Jahre 2007 zu erklären. Ebenfalls sind weitere Schlussfolgerungen über Partizipation von Mädchen in Sportvereinen und somit meiner Meinung nach auch über die Motivation im Schulsport in dem Tabellenausschnitt erkennbar:

Alter	0-6		7-14		15-18		19-26	
Geschecht	Weibl.	Männl.	Weibl.	Männl.	Weibl.	Männl.	Weibl.	Männl.
Mitglieder absolut	84.370	88.912	256.827	308.706	102.243	134.718	97.360	152.584
%Gesamt-Mitglieder	2,98	3,14	9,07	10,90	3,61	4,76	3,44	5,39
% Geschlecht	48,7%	51,3	45,4	54,6	43,1	56,9	38,9	61,1

Tab. 1: Mitgliedschaften in Sportvereinen nach Alter und Geschlecht (LSB-Statistik 2007).

Auffällig in dieser Tabelle ist der vergleichsweise hohe männliche Mitgliederanteil im Gegensatz zu dem weiblichen. So stellen Jungen im Alter von sieben bis vierzehn Jahren ca. 50 000 mehr Mitglieder als Mädchen mit nur ca. 266 000 Schülerinnen in einem Sportverein. Auch die Kluft zwischen dem weiblichen und männlichen Geschlecht im Alter von fünfzehn bis achtzehn Jahren zeigt eine deutliche Mehrheit männlicher Partizipation. Dies stellte auch schon COMBRINK und MARIENFELD (2006) auf Seite 277 fest: „In Sportvereinen sind Mädchen gegenüber Jungen deutlich unterrepräsentiert und diese Entwicklung erreicht in der Jugendphase ihren Höhepunkt." Bei jungen Erwachsenen im Alter von neunzehn bis sechsundzwanzig Jahren ist der gesamte Unterschied noch extremer. Im Gegensatz zu jungen Männern, die ungefähr 153 000 Mitglieder stellen und somit ein Zuwachs zur vorherigen Altersgruppe verzeichnen, sinkt die Mitgliederzahl der jungen Frauen zwar nicht so drastisch wie im Alter der Pubertät, aber dennoch kontinuierlich.

Dies lässt Rückschlüsse auf die Motivation der Schüler zu. Denn wer als Jugendlicher in einem Verein sportlich aktiv ist, muss einen Beweggrund haben, den RÖSCH ja mit dem Begriff der Motivation gleichsetzt. Mädchen und Jungen engagieren sich im Alter von null bis sechs Jahren in Sportvereinen nahezu identisch. Später im Alter von sieben bis vierzehn Jahren lässt dieses Engagement leicht nach. Es findet also ein Prozess statt, der die Motivation im Bereich der sportlichen Betätigung der Mädchen in gewisser Weise negativ beeinflusst.

Klaus-Jürgen TILLMANN (1992) behauptet nach Freuds Psychoanalyse der Geschlechter auf Seite 62 seines Werkes „Jugend weiblich – Jugend männlich", dass die sich langsam entwickelnde genitale Sexualität zu einer Umstrukturierung des Verhaltens von Jungen und Mädchen führt. Ab dem sechsten Lebensjahr wird sich das Individuum also seines Geschlechts bewusst und verhält sich aus der Geschlechterperspektive angemessen bzw. typisch. Dies geschieht durch Identifikation mit Vorbildern wie zum Beispiel mit Berühmtheiten symbolischer Weiblich- bzw. Männlichkeit. Häufig werden aber auch die eigenen Erziehungsberechtigten als Vorbild gewählt. Kinder und Jugendliche werden also in einen vorher schon bestimmten Verhaltenstypus gedrängt. Jungen müssen das Stereotyp eines starken Mannes erfüllen und Mädchen im Gegensatz dazu die hübsche, elegante Frau verkörpern. KUGELMANN formuliert dieses Problem in

Hinsicht auf die Mädchen als Weiblichkeitszwang: „Gesellschaftlicher Identitätszwang, für Mädchen und Frauen Weiblichkeitszwang, dient der Legitimation
und dem Schutz der bestehenden Geschlechterordnung. Sozialer Status und
soziale Chancen hängen von der Geschlechtszugehörigkeit ab." (KUGELMANN
1996, S.200). Somit würde der Identitätszwang den KUGELMANN beschreibt
auch Konsequenzen auf das spätere Leben haben. Dies wäre der oben erwähnte Einfluss der die Veränderungen im Verhalten der Sechsjährigen beschreibt. Mit zunehmendem Alter sehen sich die Schülerinnen immer mehr in
ihre Identität gedrängt und halten es nicht für weiblich sich weiterhin engagiert
am Sport (inklusive des Schulsports) zu beteiligen.

2.2 Versuchsreihen zur Dokumentation der Motivation von Mädchen im Schulsport

2.2.1 Beobachten einer Sportstunde der 10d des Gymnasiums Z

Nachdem ich mich mit Herrn X über mein Seminarfachthema „Schulsport –
Fehlende Motivation bei Mädchen?" unterhalten hatte, bot er mir freundlicher-
weise an, seine zehnte Klasse im Sportunterricht zu beobachten. Am 18. Februar 2009 begab ich mich also in den ersten zwei Schulstunden zum Volleyball-
kurs von Herrn X. Die 10d hat insgesamt 16 Schülerinnen und 13 Schüler.

Schon vor Beginn des Unterrichts konnte man grundlegende Unterschiede im
Verhalten der Schülerinnen und Schüler erkennen. Man hörte, dass sich die
männlichen Jugendlichen, die sich in der Kabine umzogen, laut unterhielten und
sich auf den anschließenden Sportunterricht freuten. Hingegen kamen aus den
Kabinen der weiblichen Jugendlichen kaum Stimmen. Drei Mädchen und ein
Junge nahmen nicht an den Sportstunden teil, da sie Kopf- bzw. Bauchschmerzen hatten. Deswegen schauten sie nur zu, konnten aber an dem darauffolgen-
den Unterricht wieder teilnehmen. Auffällig hingegen war aber auch, dass eine
Schülerin trotz eines Handverbandes mitspielte.
Nachdem Herr X die Volleybälle geholt hatte, organisierten sich die Jungen so-
fort Bälle, um damit zu spielen. Die Mädchen hingegen warteten zuerst ab, hol-
ten sich anschließend aber auch einige Bälle und spielten ebenfalls damit, be-

vor der eigentliche Unterricht begonnen hatte. Es war ebenfalls auffallend, dass einige Schülerinnen und Schüler in Freundschaftsgruppen zusammenstanden und inaktiv auf den „offiziellen" Beginn der Sportstunde warteten. Diese Jugendlichen waren in der späteren genaueren Einzelbeobachtung auch in der Teilnahme am Sportunterricht zurückhaltender. Als Herr X nun aufforderte sich hinzusetzen, um den Aufbau der heutigen Schulstunde zu erklären und wichtige Grundlagen des Volleyballs zu besprechen, bildete sich ein Sitzkreis um den Fachlehrer. Ich bemerkte die besondere Sitzpositionierung der Jugendlichen. Wenn auf der linken Seite des Lehrers sich die Schülerinnen befanden, waren auf der rechten Seite stets die Jungen. Bei jeder späteren Aufforderung des Lehrers sich erneut hinzusetzen und zuzuhören, bildete sich diese besondere Struktur zweier Halbkreise, die jeweils geschlechtlich getrennt waren. Der Aufbau und das Ziel des nachfolgenden Sportunterrichts wurde zunächst durch den Sportlehrer formuliert. Das Thema der Sportstunden war das anfängliche Warmmachen mit Pritschübungen, um im Anschluss ein flüssiges Volleyballspiel auf einem großen Feld gestalten zu können. Herr X forderte die Schüler auf, sich mit selbstgewählten Spielpartnern in Vierergruppen warm zu machen. Hier bildeten sich wieder die von mir schon vorher beobachteten geschlechtsspezifischen Freundschaftsgruppen.

Beim Warmmachen schienen die Jungen verbissener und aggressiver. Sie waren sehr konzentriert und freuten sich nur, wenn ihnen zum Beispiel ein guter Ballwechsel gelang. Außerdem variierten sie selbstständig die vom Lehrer gestellten Aufgaben. Die meisten Mädchen jedoch lachten selbst bei Fehlern und bei missglückten Bällen. Eine Jugendliche entschuldigte sich lachend bei ihrer Mitspielerin, dass der Ball diese am Kopf getroffen und nicht den gewollten Bogen gemacht hatte. Die Reaktion bei Fehlern der verbissenen Jungen war, dass es entweder ganz still blieb oder der fehlerverursachende Junge laut wurde und seinen Fehler auf den vorher doch so schlecht gespielten Pass schob. Daraufhin wurde dann in der Gruppe lautstark gestikuliert und argumentiert, wer doch die Schuld habe.

Um die Schüler/innen gezielt zu dem vorher formulierten Lernprozess zu lenken, bat Herr X abermals die 10d zusammenzukommen, um zu besprechen, wie man „baggert". Außerdem fiel mir zu diesem Zeitpunkt erstmals auf, dass die drei Bälle, die zur Demonstration benutzt werden sollten, sich alle in den Händen der Jungen befanden. Bei den von dem Lehrer gestellten Fragen meldeten sich eher Mädchen als Jungen, wobei die männlichen Jugendlichen dazu neigten, etwas ohne Meldung anzumerken. Dennoch war allgemein eine intensivere mündliche Beteiligung derer erkennbar, die zu Beginn der Beobachtungen von mir als motivierte Personen eingeschätzt worden waren. Nach einem richtigen mündlichen Beitrag eines Mädchens forderte der Fachlehrer eine Jugendliche auf zu zeigen, wie man „baggert". Die erste Reaktion der Angesprochenen war: „Oh, nein!" Trotzdem präsentierte sie eine ausgesprochen flüssige Bewegung, die sehr gelungen war. Als nun ein Schüler das „Pritschen" zeigen sollte, gab er keinen ablehnenden Kommentar. Allerdings gelang ihm die technisch richtige Bewegung mit dem Ball erst beim zweiten Mal. Da nun die Bewegungsabläufe theoretisch erklärt waren, sollte ein Spiel über ein großes Feld stattfinden. Um Mannschaften zu bilden, zählte Herr X die 10d ab. Während des Abzählens löste sich plötzlich die geschlechtsspezifische Halbkreisstruktur auf. Die Jungen setzten sich um, in der Hoffnung einen Gruppenplatz mit einem gutem Freund oder guten Mitspieler zu erhalten. Die Mädchen hingegen blieben ruhig sitzen. Zu Anfang des Spiels auf das große Feld positionierten die Schüler/innen sich so, dass ein Mädchen die Angabe schlagen musste. Allerdings äußerte diese: „Aber ich kann das nicht!" Daraufhin tauschte ein Junge freiwillig mit ihr die Position, um den Aufschlag durchzuführen.

Bei einem kurzen anschließenden Interview mit dem Fachlehrer bestätigte dieser meine Beobachtungen. Herr X beschrieb die Jungen als „laut und extrovertiert". Sie würden somit die Mädchen dominieren. Die Mädchen in dieser Klasse seien hingegen schüchtern, können in Einzelfällen dennoch genauso laut und „quicklebendig" sein.

2.2.2 Beobachten einer Sportstunde der 5b des Gymnasiums Z

Auch Herr Y ermöglichte mir am 25. Februar 2009 den Sportkurs der 5b zu beobachten. Die Klasse besteht aus 17 Mädchen und 13 Jungen und hat den
Themenschwerpunkt Akrobatik/Turnen.

Anfänglich waren sowohl Schülerinnen als auch Schüler motiviert und freuten
sich auf den Sportunterricht bei Herrn Y. In dieser Klasse fehlten sowohl drei
Mädchen als auch drei Jungen. Keiner der kranken Kinder schaute bei der
Sportstunde zu.

Als der Fachlehrer die Mädchen und Jungen aufforderte, sich mit Handbällen
warm zu machen, waren Jungen und Mädchen gleich schnell am Ballkorb und
organisierten sich Bälle. Dies geschah nach dem Umziehen in den Kabinen,
wobei ich im Übrigen keinen Unterschied der Lautstärke im Gegensatz zu der
zehnten Klasse ausmachen konnte. Während die Schüler die Handballübungen
variierten, wie zum Beispiel mit dem Spielen des Balls per Kopf oder Fuß, be-
folgten die Schülerinnen die Instruktionen des Lehrer konsequenter und variierten die Übungen erst später.

Beim Versammeln der Klasse in einem Sitzkreis fiel abermals die geschlechtsspezifische Sitzpositionierung der Kinder auf. Die Schüler/innen saßen enger
und mit weniger Scheu in einem geschlossenen Sitzkreis zusammen. Bei Erklä-
rungen des Fachlehrers über den Verlauf der heutigen Stunde stellten immer
wieder die Mädchen Fragen. Doch wie mir Herr Y später versicherte, sei dies
bei den zwei nachfragenden Mädchen eher reflexartig. In anderen Klassen sei
diese Einseitigkeit nicht unbedingt gegeben.

Bei der Durchführung einer weiteren Aufwärmübung wurden Unterschiede offensichtlich. Bei dieser Übung, die gut dosierte Kraft benötigte, musste man sich
mit dem Rücken zur Wand stellen und den Ball durch die Beine gegen die
Wand werfen. Anschließend muss ein Teamkamerad bzw. eine Teamkamera-
din den Ball fangen. Hierbei ist also der richtige Winkel beim Abwurf und auch
ein wenig Kraft erforderlich. Jungen jedoch warfen meist mit voller Kraft und
beachteten nicht den Winkel, sodass die Bälle meist nur rollten und der Teamkamerad nicht wie vorgegeben den Ball fangen konnte. Bei den Mädchen kamen die Bälle vereinzelt zu kurz. Die Leistung der Schülerinnen war aber insgesamt in dieser Kombination von Kraft und Geschick mindestens gleich gut.

Im späteren Abschlussspiel wurde Völkerball gespielt. Das Ziel des Spiels besteht darin, alle Spieler des gegnerischen Teams mit weichen Bällen abzuwerfen. Als Herr Y nach den Teamkapitänen, die sogenannten „Fliegen", fragte, meldeten sich prompt drei Jungen. Kein Mädchen wollte die „Fliege" sein und somit die Verantwortung eines Teamkapitäns übernehmen. In diesem Spiel, das sowohl Schnelligkeit als auch Ballgeschick voraussetzt, war auffallend, dass die Jungen im Umgang mit dem Ball gewandter waren. Im Gegensatz zu den Übungen, bei denen sich die Mädchen auf einen Ball konzentrieren konnten, waren die Schülerinnen nun nicht so schnell in der komplexen Verarbeitung der Spielsituationen. Jungen forderten vermehrt die Bälle, um sich wieder ins Spiel einwerfen zu können. Mädchen kamen dem meistens erst durch Aufforderung nach und handelten nicht so eigensinnig, wie es die Jungen an dieser Stelle getan hätten.

Während der Sportstunde präsentierten die Schülerinnen und Schüler, die sich in Vierergruppen selbstständig aufgeteilt hatten, sehr gelungene turnerische Figuren. Dabei entwickelten sie unter anderem sogar die empfohlenen Übungen des Fachlehrers. In den von den Kindern ausgewählten Gruppen, die wiederum geschlechtsspezifisch getrennt waren, fiel jedoch auf, dass Jungen offenbar eine höhere Hemmschwelle haben als Mädchen. Sie erschienen bei körpernahen Hilfestellungen gehemmter und wirkten im Umgang mit den Partnern ein wenig verunsichert. Somit war auch die leichte Überlegenheit der Mädchen bei der Darstellung der Figuren zu erklären. Einige Übungen wurden von ihnen wesentlich graziler und sicherer geturnt.

Bei einem späteren Gespräch mit Herrn Y bestätigte der Fachlehrer für Sport und Religion meine Beobachtungen. Ergänzend erwähnte er, dass mehrere Mädchen in einem Turnverein seien und sie deshalb manche Figuren besser umsetzen können. Außerdem beschrieb er den Umgang der Mädchen untereinander als viel unkomplizierter. Jungen müssen eine psychische Hürde überwinden, um verschiedene Hilfestellungen zu leisten. Einen geschlechtsspezifischen Motivationsunterschied sieht er in der fünften Klasse jedoch noch nicht.

2.3 Leistungsfähigkeit der ausgewählten Untersuchungsmethoden

Die Leistungsfähigkeit der Beobachtung des Schulsportunterrichts ist für die Thematik insgesamt positiv zu bewerten. Ich versuchte stets aus neutraler Perspektive das unterrichtliche Geschehen zu dokumentieren. Ich denke, dass mir dies gelungen ist, da mir die Klassen größtenteils unbekannt waren und ich somit keine vorgefertigte Meinung über den einzelnen Schüler bzw. die einzelne Schülerin hatte. Meine erhöhte Position auf den Tribünen half mir zusätzlich den Überblick über die Gesamtheit der Sportklassen zu erhalten. Für die Leistungsfähigkeit und Richtigkeit meiner empirischen Untersuchung spricht auch, dass ich meine Beobachtungen alleine und unabhängig durchführte. Dennoch wurden diese vom jeweiligen Fachlehrer im Nachhinein bestätigt. Es ist bei meiner ausgesuchten Untersuchungsmethode ein Nachteil, dass eine zweistündige Beobachtung der jeweiligen Klasse nicht repräsentativ genutzt werden kann. Allerdings wird dies durch die Aussagen der beteiligten Sportlehrer, die ihre Schüler/innen schon mindestens seit Beginn des ersten Schulhalbjahres kennen, ausgeglichen. Trotzdem bietet die von mir durchgeführte empirische Untersuchung nur einen Ausschnitt des vollkommenen Verhaltens eines durch Motivation geprägten Lernprozesses.

2.4 Formulierung der Ergebnisse meiner Versuchsreihen nach Einbezug ihrer Leistungsfähigkeit

2.4.1 Analyse der Beobachtungen der Sportstunden

Um meine Beobachtungen der Sportstunden unter dem Aspekt des Themas meiner Facharbeit zu analysieren, muss alters- und geschlechtsspezifisch differenziert werden.

Da die Leistungsfähigkeit meiner empirischen Untersuchung insgesamt positiv zu bewerten ist, lassen folgende Beobachtungen den Schluss zu, dass Mädchen mit zunehmenden Alter im Schulsport weniger motiviert sind: Pubertierende Schülerinnen entschuldigen ihre Nichtteilnahme am Sportunterricht mit nicht nachweisbaren Krankheiten wie Kopf- oder Bauchschmerzen. Dennoch können sie am späteren nicht sportorientierten Unterricht teilnehmen, wobei gerade hier

Kopfschmerzen besonders den Lernprozess stören würden. Im Gegensatz dazu stehen die Schülerinnen der fünften Klasse. Wenn diese nicht am Sportunterricht teilnehmen können, befinden sie sich für den ganzen Tag nicht in der Schule. Somit lässt sich der Schluss finden, dass Schülerinnen der fünften Klasse entweder den ganzen Schultag schwänzen und somit kein Interesse an der gesamten Institution Schule zeigen oder dass sie wirklich krank sind. Da die zweite Vermutung nahe liegender ist, kann man die These, die ich im Punkt drei meine Facharbeit anhand von Literatur kontrollieren werde, formulieren: Die Motivation im Sportunterricht nimmt im pubertären Alter bei Mädchen ab.

Bei der von mir gemachten neutralen Beobachtung, dass Schülerinnen in Ballspielen zurückhaltender sind, zeigt nicht unbedingt, dass sie weniger motiviert sind. Mädchen können hierbei, zumal durch die sehr aggressiven und aktiven Jungen oder auch durch ihre eigene Angst zu versagen, eingeschüchtert sein. Im Gegensatz dazu lässt sich aber behaupten, dass die Jungen in beiden beobachteten Klassen eher motiviert sind. So sind einige schon seit längerer Zeit in einem Sportverein und können deshalb besser mit dem Ball umgehen. Dies lässt auf eine sportliche Motivation auch außerhalb des Sportunterrichts schließen. Das Fazit meiner zweiten These lautet: Mädchen werden durch Jungen im Schulsport unterdrückt.

Die Angst zu versagen, bezieht sich stark auf den Aspekt des Selbstvertrauens, der wiederum stark durch die Notengebung des Lehrers beeinflusst wird. So bestätigte mir der Fachlehrer der fünften Klasse, Herr Y, dass die Note des Sportunterrichts zur Motivation und somit auch zum Selbstvertrauen der Schüler beiträgt.

Das Selbstvertrauen scheint unter anderem auch durch die selbstgewählte geschlechtsspezifische Gruppenstruktur gestärkt. In beiden Klassen gab es diese Gruppen. Es scheint, dass Schüler sich in ihren gleichgeschlechtlichen Freundschaftsgruppen sicherer fühlen und nicht so viel Angst haben, Fehler zu machen. Sie müssen sich hier nicht mehr aufs Neue beweisen, da sie meist schon lange Freunde sind und jeder die Stärken und Schwächen des Anderen kennt. Ein Beispiel dafür ist das Mädchen aus der zehnten Klasse, die nicht gerne vor dem gesamten Kurs eine Bewegung vormachte, obwohl sie genau diese Übung in ihrer internen Gruppe problemlos und ohne irgendwelche Ängste durchführte. Ein Fehler vor andersgeschlechtlichen Schülern ist also peinlicher, was auch die Distanz der Schüler in der Halbkreisposition bestätigen würde. Mädchen orientieren sich also an ihren Freundinnen und Jungen an ihren Freunden. Dies lässt die dritte These formulieren: Schüler/innen verhalten sich auch im Sportunterricht geschlechtstypisch.

2.4.2 Vorläufiges Fazit

Anhand meiner vorher formulierten Thesen lässt sich ein vorläufiges Fazit ziehen. Die Motivation der Mädchen im Schulsportunterricht nimmt mit dem Prozess des Älterwerdens ab. Dies geschieht vor allen Dingen durch das Verhalten der sehr dominanten Jungen, die die Bandbreite des Sportunterrichts alleine für sich beanspruchen. Mädchen versuchen sich für ihr Geschlecht spezifisch, also im Gegensatz zu den Jungen, zu verhalten und sind deswegen eher zurückhaltend.

3. Reflektierende Auseinandersetzung im Vergleich der Literatur mit Eigenerfahrungen

Meine erste These anhand meiner eigenen Beobachtungen ist, dass die Motivation der Mädchen im Sportunterricht ab der Pubertät nachlässt. Die verwendete Literatur scheint diese Vermutung zu bestätigten. KUGELMANN spricht in diesem Zusammenhang von einem Identitätszwang, den beide Geschlechter im Sportunterricht erfahren: „Der Begriff meint die nahezu zwangsläufige Anpassung von Mädchen an das, was gesellschaftlich als „weiblich" interpretiert wird, und von Jungen an die Persönlichkeits- und Lebensmuster, die im Allgemeinem in unserer Kultur als „männlich" gelten." (KUGELMANN 1998, S.49). Dieses in der Literatur geschilderte Verhalten scheint in der Pubertät besonders ausgeprägt.

Ebenfalls ist Sport nach NEUBER ein „Spiegelbild der Gesellschaft" (NEUBER 2006, S.125). Außerdem kann die „unreflektierte Übernahme traditioneller Männlichkeitsbilder zu einer Reproduktion hegemonialer Männlichkeit führen.", so NEUBER am angegebenen Ort. Diese Autoren sehen also die Partizipation der Schüler/innen in dem für Mädchen und Jungen geprägten „Normalverhalten" begründet. Da Jungen höhere Wertschätzung über sportliche Leistungen erfahren, versuchen sich männliche Schüler durch Schulsport eher eine Identität aufzubauen als Mädchen (COMBRINK et al. 2006, S.41).

Der Unterschied in der Motivation zwischen jüngeren und älteren Schülerinnen ist deutlich zu erkennen. Da sich jüngere Mädchen noch nicht im Prozess der Pubertät befinden, werden die Kinder nicht so stark in eine weibliche Identität gezwungen. Hier haben sie noch die Möglichkeit sich unabhängig von den Stereotypen zu entfalten. Mit fortschreitendem Alter ändert sich das: „In den Schulen spiegelt sich der „Einbruch" der sportaktiven Einstellung der Mädchen ab dem ca. 12./13. Lebensjahr [...] in der eher passiven Sporthaltung beim Unterricht in der Sekundarstufe I und II wider." (HORTER 2000, S.41). Im weiteren Text von HORTER beschreibt die Autorin, die von mir beobachteten vorgetäuschten Krankheitsbilder. „Viele Mädchen [...] versuchen sich nun dem Sportunterricht zu entziehen." (HORTER 2000, S.41).

Somit bestätigt die Literatur meine erste These. Denn die Zehntklässlerinnen wirkten im Gegensatz zu den Fünftklässlerinnen zurückhaltender. Die Mädchen verhalten sich ab Beginn der Pubertät eher passiv und versuchen dem Schulsportunterricht auszuweichen. Dennoch muss meine These mit dem Aspekt des Identitätszwangs erweitert werden. Mädchen und Jungen werden von ihrer Umwelt in einen Prozess gedrängt, den sie nur schwer beeinflussen können. Somit ist die Motivationsabnahme kein Eigenverschulden der Schülerinnen, sondern von Faktoren ihrer Umwelt abhängig.

Einer dieser Faktoren findet sich in meiner zweiten These wieder: Mädchen werden durch Jungen im Schulsport unterdrückt. Aktive Jungen nehmen also so viel Raum und Aufmerksamkeit im Bereich des Schulsportunterrichts ein, dass Mädchen kaum Chancen haben, sich mit dem Schulsport zu identifizieren. Dennoch fordern Schülerinnen den gemeinsamen Unterricht, da sie sich, wenn auch nur unbewusst, in der Gegenwart von Jungen gesellschaftlich anerkannt fühlen (vgl. KUGELMANN 1998, S.46). Die Jungen treffe nach dieser Aussage also nur eine Teilschuld, da Mädchen unbewusst sich den Unterricht geschlechtsgemischt wünschen. Außerdem werden auch Jungen nach COMBRINK in ein bestimmtes Verhaltensmotiv gedrängt, da sie sich gezwungen fühlen, sich über den Sportunterricht zu identifizieren. Somit ist ihr Verhalten, genau wie das von den Mädchen von anderen Umwelteinflüssen abhängig.

Ein anderer Faktor, der den Begriff des „Identitätszwangs" also offensichtlich stärker prägt als die Jungen, ist das Elternhaus. In einem Interview sagt eine Mutter über ihre Tochter: „Ich bin eher jemand der sie bremsen würde, als dass ich sie zu stark fördern würde. Wegen Verletzungsgefahr und so" (GIEß-STÜBER 2006, S.107). Durch die Sorge ihrer Mutter wird das Mädchen also eindeutig in eine bestimmte Identität gedrängt. Es darf folglich nicht toben oder andere eventuell gefährliche Dinge machen. Dies steht also im direkten Gegensatz zur Forderung an die Jungen gleichen Alters. Das Mädchen spürt selber die Ängstlichkeit der Mutter und übernimmt deren Haltung. Jungen dürfen sich auch mal raufen und haben so mehr persönliche Handlungsfreiräume. Das Verhalten der Mutter wiederum ist durch ihre persönliche Kindheit geprägt. In den 70er Jahren, als die Mutter selbst noch ein Mädchen war, wurden bei den Olympischen Spielen für Frauen verschiedene Disziplinen wie Judo, Ringen Gewichtheben und Hammerwerfen nicht ausgetragen (HEINEMANN 1988, S.77), da diese Sportarten als zu männlich eingestuft wurden.

Neben dem Aspekt, dass Eltern die Mädchen wesentlich mehr in die vorgegebene Identität zwingen als Jungen, scheinen auch Sportlehrer einen gewissen Einfluss zu besitzen. Untersuchungen zur Interaktionsstruktur haben gezeigt, dass „Mädchen seltener aufgerufen werden als Jungen, seltener gelobt [und] seltener wegen mangelnder Disziplin ermahnt [werden]." (HORTER 2000, S.107). Dies stimmt mit der Tatsache überein, die mir auch der Sportfachlehrer Herr Y beschrieb. Schüler/innen würden einen Großteil ihrer Motivation über Rückmeldung und Notengebung vom Lehrer erhalten.

Meine zweite These wird also erweitert. Jungen unterdrücken Mädchen im sportunterrichtlichen Geschehen zwar, viel stärker werden sie aber über die Eltern und die Lehrer beeinflusst. Sie setzen den Kindern viel zu enge Grenzen und behindern somit ihre freie Entwicklung.

Meine dritte These ist nach dem Vergleich meiner zwei vorherigen Aussagen mit der Literatur bereits beantwortet worden. Schüler/innen verhalten sich auch im Sportunterricht geschlechtstypisch. Dieser Behauptung kann also auch nach dem Vergleich mit der Literatur zugestimmt werden. Denn wie schon im Vorherigen erwähnt, passt das Bild einer „normalen" Frau nicht zu einem Mädchen, das enorm hohe sportliche Leistungen im Schulsportunterricht bringt. Dieser Weiblichkeitszwang wird so erklärt: „Vor allem Mädchen und Frauen der unteren Sozialschicht orientieren sich sehr stark am normierten Frauenbild, das zu einem aktiven Sporttreiben, es denn in typisch weiblichen Bereichen, nicht zu passen scheint." (HORTER 2000, S.45). Somit schließt HORTER die aktive Teilnahme der Mädchen am Sport aus, da diese oft nicht „mädchenhaft" sei.

4. Schlusswort

Nach sorgfältiger Auseinandersetzung mit dem Thema „Schulsport – Fehlende Motivation bei Mädchen?" kann ich schlussendlich ein Fazit ziehen. Im Verlauf der Zeit ist eine Abnahme der Aktivität der Schülerinnen im Schulsport zu verzeichnen. Dennoch liegt dies nicht an der fehlenden Motivation, sondern an einem von der Umwelt geprägten Prozess, dem Identitätszwang. Dieser Prozess drängt Schülerinnen in ein Verhaltensmuster, dass Mädchen nicht erlaubt, besondere Aktivität zu zeigen. Besonders während der Pubertät erfahren Mädchen diesen Zwang, der unter anderem von Lehrern und Eltern teilweise bewusst und teilweise unbewusst ausgeübt wird. Dieser geschlechtsspezifische Prozess ist nur schwer zu unterbinden, da dieser gesellschaftlich geprägt ist und über etliche Generationen stattgefunden hat und weiterhin existieren wird. Es mangelt also nicht an Motivation der Mädchen, sondern am Verständnis für die Gleichberechtigung in der heutigen Zeit.

Perspektiven für die Zukunft sind also nur schwer zu formulieren. Das heutige koedukative System bietet Schüler/innen gleichmäßig viel Raum und Entfaltungsmöglichkeiten. Das Einzige, das zu ändern wäre, um Mädchen intensiver in den Sportunterricht einzubeziehen, ist eine Veränderung des Verhaltens und des Verständnisses der Identifikationsfiguren. Dies ist jedoch nicht plötzlich zu erwarten. Viel mehr muss dieser zeitintensive Prozess mit weiter wachsender Emanzipation des weiblichen Geschlechts sich weiterentwickeln.

5. Literaturverzeichnis

Bücherquellen

Combrink, Claudia und Marienfeld, Uli: Parteiliche Mädchenarbeit und reflektierte Jungenarbeit im Sport. In: Hartmann-Tews, Ilse und Rulofs, Bettina (Hrsg.): Handbuch Sport und Geschlecht. Beiträge zur Lehre und Forschung im Sport, Band 158 der „Beiträge zur Lehre und Forschung im Sport", Schorndorf 2006

Czwalina, Clemens (Hrsg.): Grundzüge einer Motiv- und Problemgeschichte der Leibeserziehung und des Sports. Band 26, Ahrensburg 1975

Dreisbach, Wolfgang (Hrsg.): Mädchen und Jungen im Schulsport. Dokumentation einer Fachtagung, Bönen 1998

Gieß-Stüber, Petra: Frühkindliche Bewegungsförderung, Geschlecht und Identität. In: Hartmann-Tews, Ilse und Rulofs, Bettina (Hrsg.): Handbuch Sport und Geschlecht. Beiträge zur Lehre und Forschung im Sport, Band 158 der „Beiträge zur Lehre und Forschung im Sport", Schorndorf 2006

Hartmann-Tews, Ilse: Soziale Konstruktion von Geschlechter im Sport und im den Sportwissenschaften. In Hartmann-Tews, Ilse und Rulofs, Bettina (Hrsg.): Handbuch Sport und Geschlecht. Beiträge zur Lehre und Forschung im Sport, Band 158 der „Beiträge zur Lehre und Forschung im Sport", Schorndorf 2006

Hartmann-Tews, Ilse und Rulofs, Bettina (Hrsg.): Handbuch Sport und Geschlecht. Beiträge zur Lehre und Forschung im Sport, Band 158 der „Beiträge zur Lehre und Forschung im Sport", Schorndorf 2006

Heinemann, Klaus: Emanzipation der Frauen im durch Sport? In: Jakobi, Paul und Rösch, Heinz-Egon (Hrsg.): Frauen und Mädchen im Sport. Christliche Perspektive im Sport, Band 9, Mainz 1988

Horter, Petra: „...weil ich ein Mädchen bin!" Schulsport – Im Interesse der Mädchen von heute? Sankt Augustin 2000

Kugelmann, Claudia: Koedukation oder Geschlechtertrennung im Schulsport der 90er-Jahre. In: Dreisbach, Wolfgang (Hrsg.): Mädchen und Jungen im Schulsport. Dokumentation einer Fachtagung, Bönen 1998

Kugelmann, Claudia: Starke Mädchen Schöne Frauen. Weiblichkeitszwang und Sport im Alltag, Butzbach-Griedel 1996

Münster, Hans-Peter: Zwischen Passivität und Partizipation. Eine analytisch-konstruktive Studie zur Schülerbeteiligung im Sportunterricht, Hamburg 1995

Neuber, Nils: Männliche Identitätsentwicklung im Sport. In: Hartmann-Tews, Ilse und Rulofs, Bettina (Hrsg.): Handbuch Sport und Geschlecht. Beiträge zur Lehre und Forschung im Sport, Band 158 der „Beiträge zur Lehre und Forschung im Sport", Schorndorf 2006

Pfister, Gertrud: „Auf den Leib geschrieben" – Körper, Sport und Geschlecht aus historischer Perspektive. In: Hartmann-Tews, Ilse und Rulofs, Bettina (Hrsg.): Handbuch Sport und Geschlecht. Beiträge zur Lehre und Forschung im Sport, Band 158 der „Beiträge zur Lehre und Forschung im Sport", Schorndorf 2006

Rösch, Heinz-Egon: Grundzüge einer Motiv- und Problemgeschichte der Leibeserziehung und des Sports. Ahrenburg 1975. In Czwalina, Clemens (Hrsg.): Grundzüge einer Motiv- und Problemgeschichte der Leibeserziehung und des Sports. Band 26, Ahrensburg 1975

Tillmann, Klaus-Jürgen: Jugend weiblich – Jugend männlich. Sozialisation, Geschlecht, Identität, Opladen 1992

Internetquellen

Huber, Maria: "... auf ihres Körpers Wohl und Bildung seht ihr nicht" - Schulsport in Deutschland 1770 – 2000 [online]. http://www.sportunterricht.de/lksport/info_sport22.html. 10.02 .09

Opfer, Michael: Geschichte des Sports und des Schulsports [online]. November 2002. http://www.netschool.de/spo/schspo/gesch.htm. 8.02. 2009

Sattelmaier, Ella: Handlungsprogramms zur Chancengleichheit von weiblichen Jugendlichen und jungen Frauen im Sport [online]. http://www.sportwiss.uni-hannover.de/start/Forschung/Forschungsprojekte/1. 27.Januar 2009